YVES SAINT LAURENT

Un avant-gardiste de la mode du XXᵉ siècle

Par Latéfa Faiz

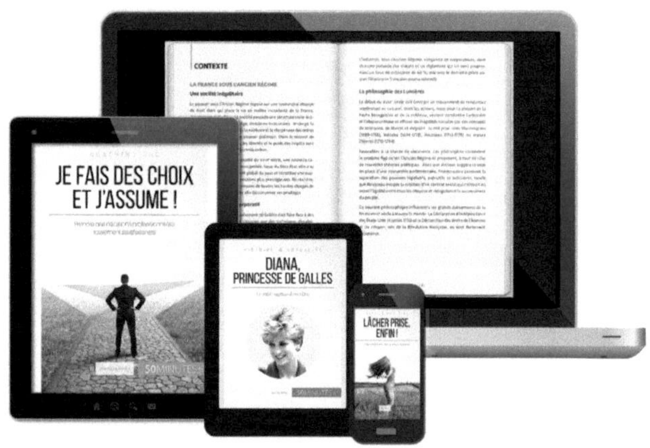

YVES SAINT LAURENT, L'ÉLÉGANCE À LA FRANÇAISE

UN AVANT-GARDISTE DE LA MODE DU XXe SIÈCLE

- **Naissance ?** Le 1er août 1936 à Oran (Algérie)
- **Mort ?** Le 1er juin 2008 à Paris (France)
- **Apports majeurs ?** Yves Saint Laurent est l'une des principales figures de la haute couture française. Amoureux des Arts et des Lettres, il est le porte-drapeau d'un nouvel esthétisme de la mode né dans les années 1960 en France.

Grand nom de l'histoire mondiale de la mode du XXe siècle, le couturier français Yves Saint Laurent est un moderniste qui, à l'instar de Coco Chanel (créatrice de mode et grande couturière française, 1883-1971), a su renouveler la garde-robe féminine.

Son talent esthétique réside dans la transformation, dès les années 1960, de vêtements fonctionnels, notamment masculins (tels que des smokings et des vestes), en porte-étendard de l'émancipation féminine.

En cela, Yves Saint Laurent impose son style : « J'ai créé pour mon époque et j'ai essayé de prévoir ce que sera demain. » (BENAÏM (Laurence), *Yves Saint Laurent. Biographie* (2e éd.), p. 523)

Yves Saint Laurent est un témoin de la mode et de l'esprit de son temps, qu'il s'agisse de la finesse du luxe français, de l'atmosphère de la rue ou de sa passion pour l'éclectisme culturel.

Son talent explique son influence auprès de stars telles que Marlène Dietrich (actrice allemande, 1901-1992) et Catherine Deneuve (actrice française, née en 1943). Mais le créateur fascine aussi les femmes ordinaires, comme en témoigne sa ligne de prêt-à-porter *rive gauche* : lancée en 1966, elle devient un exemple en la matière, proche du rêve de la haute couture.

Véritable avant-gardiste, Yves Saint Laurent développe un style subtil où se côtoient sobriété et modernisme artistique, tradition et innovation.

BIOGRAPHIE

Yves Saint Laurent vers 1982.

UNE ENFANCE ORANAISE

Yves Henri Donat Mathieu-Saint-Laurent, plus connu sous le nom d'Yves Saint Laurent, naît en Algérie le 1ᵉʳ août 1936, à Oran.

Ses parents appartiennent au monde privilégié de la grande bourgeoisie française oranaise. Élevée par une tante fortunée, la mère d'Yves Saint Laurent, Lucienne (1914-2010), née Wilbaux, acquiert très tôt le goût des belles choses et le transmet à son fils. Charles Mathieu-Saint-Laurent (1909-1988), le père du créateur, s'occupe d'une compagnie d'assurances et gère une chaîne de cinémas ; une belle situation qui permet à la famille de vivre dans un luxueux hôtel particulier de trois étages.

Yves est l'aîné d'une famille de trois enfants. Il a deux sœurs : Michèle née en 1942 et Brigitte (1945-2015). Choyé par ses parents, il grandit en enfant roi, dans une délicate douceur de vivre qui l'accompagne d'Oran à Trouville (Normandie), le lieu de villégiature par excellence de la famille.

Il effectue toute sa scolarité à Oran, d'abord à l'école religieuse (1942), puis au collège du Sacré-Cœur (1948), et au lycée Lamoricière (1952).

LE SAVIEZ-VOUS ?

Dès l'âge de 12 ans, Yves Saint Laurent est passionné par la mode et le théâtre. Il invente une maison de couture, « Yves Mathieu Saint Laurent, Haute Couture, Place

Vendôme », et joue au couturier avec des clientes imaginaires. Dès cette époque, le jeune homme supprime les traits d'union de son nom. Il opère officiellement cette suppression neuf ans plus tard, en 1957, et ne conserve plus qu'un unique prénom.

En juin 1952, le quotidien *L'Écho* d'Oran lui consacre un article pour ses magnifiques costumes dessinés pour un gala à l'Opéra municipal d'Oran.

Mais son adolescence est obscurcie par les brimades de ses camarades qui devinent son homosexualité : « Pendant la récréation, je me cachais [...] à la sortie, j'attendais que tous les élèves aient quitté la classe pour ne pas subir de sévices. Dans ces années s'est enracinée la volonté [...] de me lancer à la conquête de Paris [...]. » (CHENOUNE (Farid) *et alii*, *Yves Saint Laurent*, p. 40)

UNE CARRIÈRE CHEZ DIOR

L'aventure parisienne

Après avoir remporté le troisième prix de la catégorie « Robes » au concours annuel de dessins de mode de Paris (décembre 1953) et obtenu son baccalauréat à Oran (juin 1954), Yves Saint Laurent s'installe à Paris. Il s'inscrit à l'école professionnelle de la Chambre syndicale de la haute couture en septembre 1954. Il se distingue par ses croquis qui lui valent, dès novembre 1954, le premier et le troisième prix de la catégorie « Robes » du concours du Secrétariat international de la laine.

Remarqué et encouragé par Michel de Brunhoff (journaliste français, 1892-1958), directeur et rédacteur en chef de Vogue (Paris), c'est grâce à lui qu'Yves Saint Laurent rencontre Christian Dior (grand couturier français, 1905-1957) et est amené à lui présenter ses croquis. Le célèbre couturier, subjugué par son talent, l'engage comme assistant modéliste. Yves Saint Laurent quitte son école professionnelle le 20 juin 1955 pour commencer sa carrière à la maison Dior, avenue Montaigne (Paris, 8e).

Directeur artistique chez Dior

Dès ses débuts dans la maison Dior, le jeune prodige fait sensation avec sa célèbre robe *Soirée de Paris* (1955).

SOIRÉE DE PARIS

Soirée de Paris a été immortalisée par la célèbre photographie de Richard Avedon (photographe de mode et portraitiste américain, 1923-2004), où le mannequin américain Dovima (1927-1990) pose au milieu des éléphants du Cirque d'hiver, dans sa robe de velours noir avec un ruban de satin couleur ivoire noué sous le buste et retombant sur le côté.

Dovima et les Éléphants, de Richard Avedon (1955).

Le succès de ses robes explique qu'à la suite du décès de Christian Dior (octobre 1957), Yves Saint Laurent soit nommé directeur artistique, conformément au vœu de Dior lui-même et deux ans à peine après son entrée dans la haute couture. Le jeune créateur vit difficilement la disparition de son mentor, qui reste pour lui : « Monsieur Dior [...] cette idole qui me consacrait une part de son émotion [...] Je me souviens [...] de nos fous rires, de sa bonté [...] Il m'a appris l'essentiel. [...] je dois dire que c'est auprès de lui que j'ai été le plus heureux. » (CHENOUNE (Farid) et alii, *Yves Saint Laurent*, p. 44)

L'année 1958 marque une étape majeure dans la vie du jeune créateur. En janvier, il inaugure sa première collection printemps-été : la fameuse ligne « Trapèze ». Cette collection, incarnée par la robe-blouse accrochée aux épaules, reçoit un très bon accueil pour son style innovant qui décintre la taille. Quelques semaines plus tard, Yves Saint Laurent rencontre Pierre Bergé (homme d'affaires français, né en 1930), son futur compagnon.

Si les deux hommes se croisent pour la première fois à l'enterrement de Christian Dior, c'est seulement au cours d'un dîner mondain au restaurant parisien *La Cloche d'or* (Paris 9e), en février 1958, qu'Yves Saint Laurent et Pierre Bergé font véritablement connaissance. Ce dernier fréquente alors le peintre français Bernard Buffet (1928-1999). Les deux hommes sont séduits par la collection « Trapèze », si bien que Buffet rédige un éloge du jeune couturier dans un article publié par le magazine français *L'Express*, en février 1958. Très vite, Pierre Bergé, fasciné par Yves Saint Laurent, décide de rompre avec le peintre. L'histoire d'amour entre le créateur et l'homme d'affaires commence.

Dès lors, les succès s'enchaînent pour Yves Saint Laurent chez Dior, dont son prix Neiman Marcus Award (1958).

En 1959, Yves Saint Laurent crée ses premiers costumes pour les ballets Roland Petit (chorégraphe et danseur français, 1924-2011) et collabore jusqu'en 1993 avec plusieurs compagnies théâtrales, dont celle de Renaud-Barrault. Il réalise aussi les tenues de comédiennes renommées, dont celles de Catherine Deneuve dans *Belle de Jour*, un film réalisé en 1967 par Luis Buñuel (réalisateur et scénariste espagnol, naturalisé mexicain, 1900-1983).

Mais en 1959, les critiques se font jour avec sa ligne de robes droites serrées à la taille et ses robes légères de taffetas. Jugée extravagante par la presse américaine, qui la qualifie de ligne en forme de « tube de vaseline », la collection de juillet 1959 est boudée par les stars d'Hollywood (BENAÏM (Laurence), *Yves Saint Laurent*, p. 96). Ainsi, la célèbre comédienne Kim Novak (mannequin et actrice américaine, née en 1933) déclare : « Je préfère les robes simples, celles qui suivent [...] les courbes que la nature nous a données. » (*Ibid.*) En juillet 1960, sa dernière collection chez Dior est jugée vulgaire parce qu'inspirée des styles de la rue, tels la robe en tricot à col roulé et le blouson de cuir noir. Or, pour Yves Saint Laurent, « elle a été [...] la première manifestation importante de [s]on style » (CHENOUNE (Farid) *et alii*, *Yves Saint Laurent*, p. 51).

La guerre d'Algérie (1954-1962)

En septembre 1960, après avoir bénéficié de plusieurs reports d'incorporation, Yves Saint Laurent est appelé sous les drapeaux. Un conflit acerbe s'engage alors entre le jeune créateur, qui ne veut pas se battre dans son Algérie natale, et l'industriel français Marcel Boussac (industriel du textile, 1889-1980), propriétaire de la maison Dior et partisan de l'Algérie française, qui n'accepte pas le refus du couturier de s'engager.

Mais la prégnante actualité de la guerre d'Algérie et la volonté de Marcel Boussac de ne pas accorder de traitement de faveur à son directeur artistique font de la vie du jeune homme un enfer. Yves Saint Laurent n'a pas le choix, il doit faire son service militaire. Le jeune couturier tombe en dépression nerveuse durant son incorporation. Dès le 20 septembre, il est transféré à l'hôpital du Val-de-Grâce, à

Paris, où il est hospitalisé six semaines au Pavillon des isolés, d'octobre à novembre 1960. Terrassé par les médicaments et la souffrance mentale, il ne se voit autoriser que très peu de visites. Pierre Bergé vient pourtant le voir chaque jour.

Entre-temps, le conflit entre Marcel Boussac et Yves Saint Laurent prend de l'ampleur. Le 30 septembre 1960, la maison Dior interrompt son contrat et le remplace par Marc Bohan (grand couturier français, né en 1926) qui signe pour deux ans avec la maison de couture.

Yves Saint Laurent quitte l'hôpital le 14 novembre 1960 en étant déclaré réformé définitif. Mais sa convalescence est longue et difficile. En outre, des séquelles de sa dépression perdurent plusieurs années durant.

LA TRAVERSÉE DU DÉSERT

Pour lui changer les idées, Pierre Bergé l'emmène en voyage aux Canaries. Des vacances de plusieurs semaines, que Pierre Bergé qualifie de « lune de miel » (BENAÏM (Laurence), *Yves Saint Laurent*, p. 107). Yves Saint Laurent reprend goût à la vie. Dès lors, le retour à la création se fait progressivement.

Rentré à Paris en 1961 et définitivement éloigné des salons Dior, le couturier dessine une robe en mousseline bordée de brins d'autruche pour Victoire Doutreleau (1934-1950), sa meilleure amie et mannequin vedette chez Dior, qui la porte dans les dîners mondains et au mariage de Philippine de Rothschild, une très bonne amie de Victoire.

Il dessine aussi la même année une vingtaine de costumes pour une commande du ballet de Roland Petit, *Les Forains*, diffusé à la télévision française.

Se pose dès lors la question des indemnités suite à son départ forcé de la maison Dior. Une entrevue a lieu entre Yves Saint Laurent et Marcel Boussac. Leurs visions de la mode et leurs caractères sont opposés et inconciliables. Ainsi Marcel Boussac refuse-t-il la proposition de Jacques Rouet (homme d'affaires français, 1917-2002), directeur de la maison Dior, de financer une maison de couture pour Yves Saint Laurent. Cette solution serait pourtant un bon compromis, compte tenu de la notoriété et du chiffre d'affaires obtenu par Yves Saint Laurent lors de son passage chez Dior.

En janvier 1961, Yves Saint Laurent assigne la maison Dior devant les tribunaux pour rupture abusive de contrat et demande sa réintégration dans ses fonctions. Les deux parties ont un mois pour trouver un accord. C'est un échec. La société Dior est condamnée à verser des dommages et intérêts au couturier.

LA MAISON YVES SAINT LAURENT ET LES « ANNÉES YSL » (1962-1990)

Cette même année 1961, Yves Saint Laurent et Pierre Bergé s'installent ensemble à Paris, à une époque où l'homosexualité est encore un délit en France.

Le 4 décembre, la maison Yves Saint Laurent est fondée par les deux amants, l'un créateur, l'autre directeur financier. Cette association fructueuse et leurs 50 années d'un amour ardent, parfois tourmenté, feront d'eux l'un des plus célèbres couples de l'histoire de la mode. La maison est pourvue d'un logo aux lettres entrelacées, « YSL », réalisé par le graphiste français Cassandre (1901-1968).

Au début de la maison de couture, Yves Saint Laurent, Pierre Bergé et Victoire Doutreleau forment un trio inséparable, et ce jusqu'en 1963. Victoire est tour à tour mannequin-vedette d'YSL, directrice des salons de la maison et entretient une relation sentimentale avec Pierre Bergé jusqu'en 1962. La difficulté du métier et selon Victoire Doutreleau « une obscure histoire de photo dont [elle a] été éjectée » ont eu raison de leur amitié ; « nous avons été brouillés 12 ans », explique-t-elle, puis « on s'est réconciliés avec bonheur ! » (SCHWAAB (Catherine), « Victoire. De Dior à Saint Laurent », in *ParisMatch.com*, 23 novembre 2014).

LES DÉBUTS DE LA MAISON

La jeune entreprise installe d'abord ses bureaux, en juillet 1961, dans un deux-pièces du 66, rue La Boétie (Paris, 8e). Elle déménage ensuite, en janvier 1962, au 30 bis, rue Spontini (Paris, 16e). Yves Saint Laurent explique le choix de ce lieu par un heureux présage : « En allant visiter la cave, j'ai vu une carte de jeu. [...] C'était un dix de trèfle. » (GIESBERT (Franz-Olivier) et SAMET (Janie), « Yves Saint Laurent : "Je suis né avec une dépression nerveuse" » in *Le Figaro*, 11 juillet 1991). C'est un bon signe pour le couturier qui est très superstitieux. Puis la maison se fixe au 5, avenue Marceau (Paris, 16e) en

Les deux premières collections de la maison Yves Saint Laurent sont un succès et se distinguent chacune par leurs nouveautés : caban (manteau de laine imperméable, court et chaud), tunique, blouse normande (en satin gris perle inspirée de la chemise paysanne) et *trench-coat* (long manteau imperméable) pour les collections printemps-été et automne-hiver 1962 ; cuissarde pour la collection automne-hiver 1963.

À l'inverse, la collection de 1964 est un échec. Yves Saint Laurent l'attribue « [aux] mannequins [qui] ne [l']avaient pas inspiré. Le choix des mannequins, c'est très important pour moi. J'enroule le tissu sur leur corps et tout à coup l'idée explose. » (GIESBERT (Franz-Olivier) et SAMET (Janie), « Yves Saint Laurent : Trente ans de gloire, Trente ans d'angoisse » in *Le Figaro*, 15 juillet 1991) Et le créateur d'insister : « Je n'ai jamais pu travailler sur un mannequin de bois [...] » (CHENOUNE (Farid) *et alii*, *Yves Saint Laurent*, p. 61).

Mais dès 1965, Yves Saint Laurent renoue avec le succès. La collection automne-hiver, présentée en août 1965, marque un tournant avec les robes *Mondrian*, de petites robes de jersey de laine multicolore aux grands motifs empruntés à Piet Mondrian (peintre néerlandais, 1872-1944). La même

année, le couturier découvre sa nouvelle muse, le mannequin français Danielle Luquet de Saint-Germain.

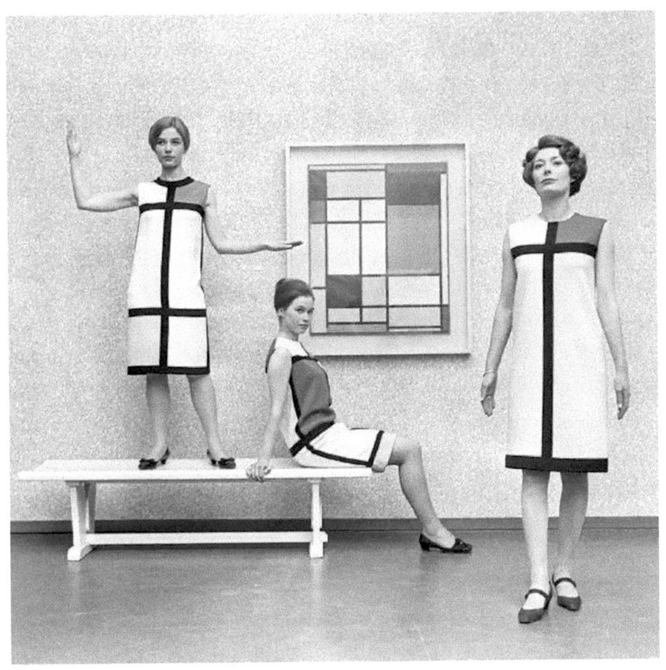

Mannequins portant des robes *Mondrian.*

Lors d'un entretien accordé au journaliste Patrick Thévenon
(1935-1989) en août 1965, Yves Saint Laurent explique
l'importance des robes *Mondrian* : « J'ai compris que nous
devions cesser de considérer un vêtement comme une
sculpture et que nous devions, au contraire, le regarder
comme [...] mobile [...] la mode était raide [...], il fallait

dorénavant la faire bouger. » (CHENOUNE (Farid) *et alii*, *Yves Saint Laurent*, p. 66)

En 1966, le smoking, premier costume trois-pièces de cocktail pour femmes, puis le *jumpsuit* (1968), une combinaison-pantalon, révolutionnent quant à eux la tenue des femmes modernes. À la même époque, Yves Saint Laurent rencontre ses nouvelles muses : le mannequin français Betty Catroux (née en 1945) et la Franco-Irlandaise Loulou de la Falaise (1947-2011). Fasciné par ses nouveaux modèles, il délaisse Danielle Luquet de Saint-Germain à leur profit.

Betty Catroux tient une place à part dans la vie du couturier : elle est l'amie intime, le double. Si elle pose en tenue *jumpsuit* pour *Vogue* Paris dès 1968, elle aime aussi sortir le soir avec Yves Saint Laurent ; tous les deux s'adonnent alors aux excès des nuits parisiennes. Elle reste sa confidente jusqu'au décès du créateur. « Avec Yves [...] On ne parle ni de travail, ni de mode. On parle de nos états d'âme [...] » explique-t-elle (BENAÏM (Laurence), *Yves Saint Laurent*, p. 160).

Dans le domaine de la mode, l'influence du couturier est telle qu'en février 1968, lors de l'émission télévisée française *Dim Dam Dom*, Coco Chanel désigne même Yves Saint Laurent comme son héritier spirituel.

Le couturier enchaîne les collections et se nourrit de différentes influences, tant africaines (1967) qu'asiatiques (1977) ou indiennes (1982), et met le chic classique au goût du jour, des années 1980 aux années 1990.

Mais en mars 1976, la nouvelle tombe : 18 ans après leur rencontre, Pierre Bergé quitte leur luxueux appartement commun du 55 rue de Babylone (Paris, 7e).

> « Il y a eu l'alcool, puis la cocaïne, puis les neuroleptiques. [...] Yves n'a jamais été abandonné pour quelqu'un d'autre. Mais pour moi, pour me sauver. [...] Yves avait commencé à vivre une vie d'autodestruction dont je ne voulais pas être le témoin. C'était l'époque où il adorait [...] les boites de nuit. » (CHENOUNE (Farid) *et alii*, *Yves Saint Laurent*, p. 83)

Pierre Bergé séjourne d'un palace à l'autre avant de s'installer dans un spacieux duplex rue Bonaparte, dans le 6e arrondissement parisien, non loin de chez Yves Saint Laurent. Amant éternel de celui qui reste son amour passionnel, Pierre Bergé veille sur le créateur et continue de diriger avec lui leur maison de couture : « On est restés ensemble pendant cinquante ans. [...] Oui, il y avait entre nous une attirance [...] très forte [...] Bien sûr, on a eu des infidélités [...] Ce qui nous soudait était tellement plus important ! » (SCHWAAB (Catherine), « Pierre Bergé. Après Yves Saint Laurent », in *ParisMatch.com*, 7 janvier 2014).

En 1977, Yves Saint Laurent lance son parfum *Opium* en France, puis un an plus tard aux États-Unis, où le nom donné au produit fait scandale. Malgré cette affaire, le parfum fait recette avec trois millions de dollars de vente en un an.

En 1980, les deux compagnons acquièrent à Marrakech, l'un de leurs lieux de villégiatures favoris depuis les années soixante, la villa Oasis et le jardin Majorelle : deux anciennes propriétés du peintre français Jacques Majorelle (1886-1962).

Toujours à ses côtés, Pierre Bergé aide Yves Saint Laurent à se libérer de ses paradis artificiels : « [Ces] faux amis que sont les tranquillisants et les stupéfiants [...] De tout cela, un jour je suis sorti, ébloui mais dégrisé. [...] » (CHENOUNE (Farid) *et alii*, *Yves Saint Laurent*, p. 107)

Lassé par l'évolution de la haute couture et les liens trop prégnants qui unissent marketing et création, Yves Saint Laurent met un terme à sa carrière en janvier 2002, avant de créer, le 5 décembre 2002, la fondation Pierre Bergé-Yves Saint Laurent avec son compagnon.

En 2008, le couple signe un PACS (Pacte civil de solidarité), c'est-à-dire une forme d'union civile du droit français établie entre deux adultes, indépendamment de leur sexe. L'avantage du PACS est d'officialiser juridiquement leur relation et de régler les questions testamentaires.

Yves Saint Laurent décède le 1er juin 2008 à Paris, d'une tumeur au cerveau. Ses obsèques ont lieu à l'église parisienne Saint-Roch dans le 1er arrondissement, où Pierre Bergé prononce un discours d'adieu : « Yves, comme le matin de Paris était jeune et beau la fois où nous nous sommes rencontrés ! » (*Ibid.*) Les cendres du couturier sont dispersées dix jours plus tard dans le jardin de sa villa Oasis, à Marrakech. Une colonne érigée dans le jardin Majorelle, cédé par Pierre Bergé à sa fondation et ouvert au public depuis le décès du couturier, rappelle sa mémoire. Et Pierre Bergé de souligner : « Il terminera là, dans un pays qui l'a beaucoup [...] marqué, il finira dans le Maghreb, dans lequel il est né. » (BELGA, « Pierre Bergé et Yves Saint Laurent étaient pacsés », in *LaLibre.be*, 4 juin 2008)

Après avoir reçu de nombreuses distinctions, Yves Saint Laurent est élevé à la dignité de grand officier de la Légion d'honneur, le 14 juillet 2007. Ainsi son indéniable talent est-il officiellement reconnu par le plus important grade de l'Ordre national français de la Légion d'honneur.

CONTEXTE

LA VIE DANS L'ORAN DES ANNÉES TRENTE

Oran tient une place éminente dans la construction de la personnalité d'Yves Saint Laurent : « Notre monde était Oran, non pas Paris [...]. Oran, ville cosmopolite [...]. C'était un endroit pour être bien et nous l'étions [...] » (CHENOUNE (Farid) *et alii*, *Yves Saint Laurent*, p. 38) En effet, Oran représente encore, pour les Français qui y résident en 1936, l'image de l'insouciance d'une Algérie qui se veut heureuse. Pour la famille des Mathieu-Saint-Laurent, les distractions priment sur les nouvelles internationales, comme l'arrivée des premiers réfugiés espagnols à Oran.

À la douceur de vivre se mêle aussi des antagonismes larvés, qu'exprime Yves Saint Laurent : « [Oran était une ville] où mes parents et amis vivaient en clan [...] » (CHENOUNE (Farid) *et alii*, *Yves Saint Laurent*, p. 38) Ce repli sur soi qu'opèrent les Oranais se manifeste dans l'organisation sociale quotidienne de la ville, formée d'univers juxtaposés qui ne se mêlent qu'à de très rares occasions :

- la grande bourgeoisie française jouit de voyages d'affaires, de réceptions et d'étés à Trouville, sur les plages normandes ;
- les familles européennes plus modestes sont cantonnées à des emplois dans l'administration, ou la domesticité auprès des notables français, et aux cabanons sur les plages du littoral oranais ;

- les Arabes musulmans, concentrés dans les bas quartiers, sont assignés à la manutention au port d'Oran, sans aucun espoir de divertissement sur les plages de la ville.

1940, LES ANNÉES TROUBLES ORANAISES

La famille connaît une existence paisible, bien que la Seconde Guerre mondiale (1939-1945) s'invite très ponctuellement dans la vie des Mathieu-Saint-Laurent. Ainsi, un mois après l'armistice français de juin 1940, le bombardement par les Anglais de la flotte française à Mers el-Kébir (golfe d'Oran) oblige la famille à se réfugier dans la cave de leur demeure. De plus, l'abolition du décret Crémieux (attribution de la citoyenneté française aux juifs d'Algérie en 1870) en octobre 1940 voit la multiplication des actes antisémites sur le territoire algérien, dont des actions du PPF (Parti populaire français), un parti politique d'inspiration fasciste, avec la destruction d'une vingtaine de vitrines de magasins juifs à Alger.

Ce contexte singulier développe tout de même chez le jeune Yves Saint Laurent un grand mépris envers l'intolérance. Adolescent, il recopie un poème de Jacques Prévert (poète et scénariste français, 1900-1977), *Encore une fois sur le fleuve*, dénonçant l'étoile jaune comme « de la cruelle connerie humaine » (BENAÏM (Laurence), *Yves Saint Laurent. Biographie*, p. 16), manifestant ainsi son refus de l'antisémitisme. Cette critique de l'intolérance se manifeste également au cours de sa carrière par son éclectisme culturel, source d'inspiration pour nombre de ses collections, et pour le choix de ses mannequins d'origines diverses (africaine, asiatique, etc.).

LA GUERRE D'ALGÉRIE

Les prémices du nationalisme algérien

Au lendemain du débarquement anglo-américain en Afrique du Nord (8-11 novembre 1942), région alors placée sous l'autorité du régime de Vichy, le nationalisme algérien se développe très rapidement et bouleverse progressivement la vie des Mathieu-Saint-Laurent.

Le port d'Oran en 1943.

En février 1943, Ferhat Abbas (homme politique algérien, 1899-1985) lance *Le Manifeste du peuple algérien*, qui dénonce la colonisation française et revendique une pleine autonomie pour l'Algérie, avec une reconnaissance des droits des musulmans algériens aux côtés des Français d'Algérie. Quelques mois plus tard, le 3 juin 1943, se constitue le Comité français de libération nationale (CFLN), en réaction au régime de Vichy et soutenu par les Alliés. Ce Comité est d'abord coprésidé par le général de Gaulle, chef de la

France libre (organisation de résistance extérieure fondée en juin 1940) et le général Giraud, commandant civil et militaire d'Alger. L'objectif est de défendre la souveraineté française sur les territoires de l'empire. Pour ce faire De Gaulle s'installe à Alger en mai 1943. Puis, en novembre, il devient le seul président du CFLN.

Bien que ce Comité juge inacceptables les revendications algériennes, il promulgue le 7 mars 1944 une ordonnance qui accorde la citoyenneté française, avec maintien du statut personnel musulman, à l'élite algérienne. Cette ordonnance est dénoncée par les nationalistes algériens qui veulent désormais leur indépendance : ils créent, le 14 mars 1944, le groupe des Amis du manifeste de la liberté (AML), ancêtre du FLN (Front de libération nationale).

Les élections législatives en Algérie de novembre 1946 sont favorables aux partis attachés à l'Algérie française, dont l'Union républicaine (qui regroupe des hommes politiques français d'Algérie plutôt engagés à droite) et le Rassemblement français et républicain pour la défense de l'Algérie. Ces résultats encouragent la détermination indépendantiste des nationalistes algériens. Le 1er novembre 1954, alors qu'Yves Saint Laurent se distingue déjà à Paris par ses croquis originaux, le FLN apparaît publiquement en revendiquant la trentaine d'attentats qui viennent d'avoir lieu sur le sol algérien, des événements sanglants connus en France sous le nom de Toussaint rouge. Même si personne n'en est encore bien conscient, la guerre d'Algérie vient de commencer. Cela n'empêchera pas les parents et les sœurs d'Yves Saint Laurent de rester à Oran jusqu'à l'indépendance de l'Algérie, en 1962, année où ils s'installent à Paris.

L'opinion publique française

Une partie de l'opinion publique s'indigne contre ceux qu'elle désigne comme des « embusqués », à l'instar d'Yves Saint Laurent. Dans les dépêches, le cas Saint Laurent est associé à celui de l'acteur Jacques Charrier (né en 1936), vedette du film *Les Tricheurs* (1958) de Marcel Carné (réalisateur français, 1906-1996). Jacques Charrier, qui a bénéficié d'une réforme temporaire, fait partie des personnalités jetées à la vindicte populaire. Suite à une dépression nerveuse et à son admission à l'hôpital du Val-de-Grâce, ce dernier est accusé de simuler et de bénéficier d'un traitement de faveur pour éviter de partir en Algérie. Marcel Boussac mène alors une violente campagne de presse contre l'acteur dans *L'Aurore*.

L'actualité devient encore plus tendue. En septembre 1960 s'ouvre à Paris le procès du réseau Jeanson, un groupe de soutien au FLN algérien, organisé par Francis Jeanson (philosophe et journaliste français, 1922-2009). Ce groupe collecte et transporte des fonds et des faux papiers en France continentale pour les agents du FLN qui opèrent en métropole ; on les surnomme « les porteurs de valises ». Le *Manifeste des 121*, texte signé par des intellectuels et artistes de renom, dont Jean-Paul Sartre (écrivain et philosophe français, 1905-1980), proclame le droit à l'insoumission des jeunes appelés dans la guerre d'Algérie.

LA MODE DES ANNÉES 1960-1990

À partir des années 1960, la mode change avec l'émergence de vêtements à l'identité sexuelle hybride. Les codes vestimentaires masculins et féminins se brouillent : « C'est la vie maintenant, explique Yves Saint Laurent, [...] les femmes s'habillent comme les hommes. Ils portent les mêmes vêtements. » (GUILLAUME (Valérie) et VEILLON (Dominique), *La Mode. Un demi-siècle conquérant*, p. 17) Même si, dans les années 1960, les réticences au port du pantalon demeurent, pour nombre de femmes, le changement est en marche. Le pantalon se généralise progressivement pour devenir une pièce maîtresse du vestiaire féminin. L'ensemble smoking que crée Yves Saint Laurent en 1966 s'inscrit dans ce contexte, de même que le tailleur-pantalon (1967).

Par ailleurs, la naissance du mouvement hippie aux États-Unis dans les années 1960 conduit à l'émergence d'une « contre-culture » (*beatnik*) dans la mode. Ce mouvement regroupe « [des jeunes] manifestant, par leur tenue délibérément négligée, par leur vie errante [et] par leur conception générale du bonheur, leur révolte contre la société dite de consommation » (« Beatnik », in *www.cnrtl.fr*). La rue devient prescriptrice de mode. Yves Saint Laurent s'inspire de cette influence dès juillet 1960 : « La rue avait une nouvelle fierté, son propre chic, et fut pour moi une source d'inspiration. » (CHENOUNE (Farid) *et alii*, *Yves Saint Laurent*, p. 51) Yves Saint Laurent récupère la mode de la rue et l'adapte façon haute couture avec ses robes en tricot à col roulé et ses blousons de cuir garnis de visons noirs.

En outre, dès la fin des années 1960, les créateurs de mode sont de plus en plus influencés par les styles d'autres cultures. Yves Saint Laurent l'applique notamment dans sa collection africaine de 1967 (collection printemps-été).

À la fin des années 1970, le classicisme raffiné revient à la mode et se perpétue jusqu'aux années 1990. Ce style associe élégance et fonctionnalité eu égard au nombre croissant de femmes actives. Le prêt-à-porter *Saint Laurent rive gauche* en est un exemple.

TEMPS FORTS

« L'AFFAIRE SAINT LAURENT »

Le 28 novembre 1959, le quotidien français *Le Figaro* annonce l'incorporation, le 1er septembre 1960, d'Yves Saint Laurent dans les rangs de l'armée française en Algérie. Ainsi, la guerre entre brutalement dans la vie du jeune couturier, qui n'en est encore qu'au début de sa carrière chez Dior. Ce service militaire devrait l'écarter des défilés pendant 27 mois et 15 jours. Or, Yves Saint Laurent, hostile à la guerre, multiple les provocations :

- il annonce qu'« il ira en Algérie, mais pour dessiner ses collections [...] » (BENAÏM (Laurence), *Yves Saint Laurent. Biographie*, p. 95) ;
- à la une de *L'Aurore*, le quotidien français de Marcel Boussac, Yves Saint Laurent pose entouré de mannequins voilés de haïks blancs ;
- en janvier 1960, il décore d'ananas et de fleurs exotiques les salons de la maison Dior et crée un émoi dans le monde feutré de la mode.

La tension est à son comble. On parle désormais de « l'affaire Saint Laurent ». Pris en tenaille, Yves Saint Laurent doit aussi compter avec les positions de sa famille, favorable à l'Algérie française. La tension est trop âpre pour le couturier qui tombe dans une profonde dépression nerveuse, échappant ainsi définitivement à un engagement militaire. Il n'en sortira qu'en 1961, date de la création de sa maison de couture.

LES DÉBUTS DE LA MAISON YSL

Pierre Bergé explique que c'est durant son hospitalisation pour dépression nerveuse qu'Yves Saint Laurent lui propose de fonder ensemble leur propre maison de couture. Dès lors, le pacte entre les deux hommes est scellé.

En juillet 1961 débute l'aventure de la maison YSL dans un deux-pièces du 66, rue de la Boétie (dans le 8e arrondissement parisien). Pierre Bergé prend appui sur le *business plan* établi par le directeur de la maison Dior : « Jacques Rouet a été formidable, il a essayé de convaincre Boussac de financer une maison de couture pour Yves. Il avait établi le *business plan* du projet. C'est avec ce *business plan* que j'ai ouvert notre maison de couture [...]. Il savait exactement ce qu'il fallait faire. » (CHENOUNE (Farid) *et alii*, *Yves Saint Laurent*, p. 24)

Trois anciens collaborateurs de Dior suivent Yves Saint Laurent dans cette aventure et lui permettent d'étoffer son équipe : le mannequin Victoire Doutreleau, la chargée de relations presse Gabrielle Busschaert et le chef de studio Claude Licard, remplacé quelques mois plus tard par Anne-Marie Muñoz. Yves Saint Laurent peut aussi compter sur des alliées précieuses au sein même des bureaux Dior : Yvonne de Peyerimhoff, la responsable des ventes et chef d'atelier (qui rejoint la maison YSL en octobre 1962) et Suzanne Luling, directrice des salons Dior.

Reste la question du financement. Pierre Bergé vend son appartement de la rue Saint-Louis-en-l'Île et quelques tableaux. Mais c'est surtout grâce à l'apport financier d'un riche homme d'affaires américain, J. Mark Robinson (1923-2014), que la maison YSL peut ouvrir. Cet assureur d'Atlanta (Géorgie) investit dans la maison de couture en novembre 1961 : « Yves possède 15 à 20 % des parts, [Bergé a] une action d'administrateur, Robinson met le reste. » (Pierre Bergé cité dans BENAÏM (Laurence), *Yves Saint Laurent. Biographie*, p. 115) Robinson investit 700 000 dollars en trois ans avant de revendre ses parts en 1966. C'est la première fois qu'un Américain possède une maison de couture française.

La maison YSL ouvre officiellement le 4 décembre 1961 et permet au couturier d'exprimer toute la richesse de son style.

LES PREMIÈRES COLLECTIONS YVES SAINT LAURENT (1962-1963)

La première collection printemps-été de la maison YSL, présentée le 29 janvier 1962, est déjà un événement. Yves Saint Laurent initie une révolution esthétique majeure en intégrant les qualités du vêtement fonctionnel, inspiré des marins notamment, dans le vestiaire féminin des années 1960. Il présente 101 modèles, dont :

- le caban, un manteau mi-long à double rangée de boutons sur le devant. Il s'agit du premier vêtement utilitaire présenté par Yves Saint Laurent dans sa collection. Le couturier le féminise avec des boutons dorés et le renouvelle au fil des années dans plusieurs de ses collections de 1963, 1966 et 2001. Le caban devient dès lors un vêtement symbole de son œuvre, alliant fonctionnalité et représentation : plus court, moins ample, plus près du corps, il peut se porter en ensemble de jour court accompagné d'une jupe de lainage marine, à l'instar de la collection printemps-été 1966. Avec Yves Saint Laurent, la haute couture se veut moderne et ouverte au temps présent ;

- la tunique marinière, qui se veut longue et ample. Ce vêtement s'inscrit dans la même perspective, par sa mise en exergue d'une silhouette allongée qui dissimule les hanches et son atténuation de l'effet moulant des premiers pantalons. La tunique est confectionnée en jersey (tissu tricoté), en lainage marine ou en daim, c'est-à-dire en cuir velours. Ce style moderne connaît un immense succès en Europe et aux États-Unis ;
- la première vareuse, une veste longue en lainage marine.

Pour Yves Saint Laurent, la décontraction est un élément majeur que le couturier propose ensuite dans ses collections automne-hiver en 1962, avec ses *trench-coats*, et en 1963, avec ses premières cuissardes.

Porté à l'origine par les officiers des tranchées de la Première Guerre mondiale (1914-1918), le *trench-coat*, un manteau imperméable descendant jusqu'aux mollets, devient un emblème du style d'Yves Saint Laurent et s'inscrit dans le contexte des vêtements unisexes des années 1960-1970. Il est principalement confectionné en laqué noir, parfois en jersey bleu marine, voire dans des modèles imprimés panthère. Les cuissardes quant à elles accompagnent tuniques et autres ensembles noirs.

Dans la collection automne-hiver 1962, la blouse fait également sa première apparition, libérant le buste, la taille et la poitrine. Yves Saint Laurent s'inspire de la chemise du paysan, d'où le nom de blouse « normande ». Elle est confectionnée en satin gris couleur perle et se transforme aux fils des collections en robe-chemise (1971), en manteau « blouse de peintre » (1974), etc. Elle accompagne tailleurs et costumes-pantalons et se décline aussi en robe du soir, tel un long chemisier en mousseline, qui peut être transparent (collection printemps-été 1968). Le modèle transparent fait sandale aux États-Unis ; les Américains le surnomment « la blouse aux seins nus » (*seethrough blouse*).

DES CRÉATIONS TOUJOURS INSPIRÉES

La mode masculine transposée au féminin

À partir de 1966, les innovations esthétiques continuent. Le costume-pantalon consacre l'apogée du style Yves Saint Laurent, mêlant le masculin et le féminin : « Je veux trouver pour la femme un uniforme équivalent au complet veston d'homme. » (Yves Saint Laurent, cité dans CHENOUNE (Farid) *et alii*, *Yves Saint Laurent*, p. 146) Pour le grand couturier, il ne s'agit ni de singer les goûts masculins, ni de les copier, ni de les déviriliser, mais d'offrir aux femmes le confort et l'allure moderne du vestiaire masculin.

C'est dans cette perspective que s'inscrivent la collection printemps-été 1966, qui présente le premier ensemble avec pantalon, celle d'automne-hiver 1966 avec le premier smoking, en velours noir, et celle du printemps-été 1967 avec ses premiers tailleurs-pantalons à gilet et aux longues rayures verticales de couleur blanche. Cependant, le port du pantalon met un certain temps à entrer dans les mœurs, même chez les adeptes d'Yves Saint Laurent. La journaliste française de mode et publicitaire Maïmé Arnodin (1916-2003) résume ainsi l'état d'esprit de l'époque par rapport à Yves Saint Laurent : « Avant lui, c'était mauvais genre [de porter un pantalon]. Après lui, c'est devenu le comble de la mode. » (CHENOUNE (Farid) *et alii*, *Yves Saint Laurent*, p. 146)

Le smoking bouleverse pour sa part les codes vestimentaires du vêtement de soirée par une nouvelle lecture de la mode féminine moderne et élégante. D'abord boudé en haute couture, le smoking connaît un vif succès dès le début en prêt-à-porter. Il se décline en pantalon droit à chemise blanche, accompagné d'une veste ou d'un nœud papillon. Il adopte aussi une version transparente du buste nu sous une mousseline noire et un modèle avec short accompagné d'une blouse transparente. Cette tenue demeure une attraction attendue dans les défilés du couturier.

Le smoking féminin d'Yves Saint Laurent, au M. H. De Young Museum de San Francisco.

En juillet 1968 (collection automne-hiver), le *jumpsuit*, une combinaison-pantalon, perpétue le style du vêtement utilitaire détourné au profit de la mode féminine. Porté à l'origine par les aviateurs, le *jumpsuit* a des similitudes avec les combinaisons de travail des ouvriers du bâtiment. Yves

Saint Laurent s'inspire notamment des artistes constructivistes russes des années vingt, les premiers à vouloir transformer ce vêtement fonctionnel en costume pour l'homme du XXe siècle, pour le perfectionner de manière inédite en un vêtement du soir en jersey de soie noire (1968), puis en *jumpsuit* fait de jersey brun et soie (1969).

La séduction féminine

Pour Yves Saint Laurent, la séduction est avant tout un état d'esprit, qui se manifeste dans l'aisance et l'attitude du corps, ce qu'il exprime notamment avec sa *Saharienne* (collection printemps-été 1966).

L'idée de la tenue saharienne naît d'abord dans l'esprit du créateur avec la tenue de safari qu'il présente en 1966, sous les traits d'un blouson d'ocelot (sorte de félin), d'une chemise et de leggins de coton. Elle se décline ensuite en gabardine de coton, sorte de *trench-coat* de toile beige avec quatre grandes poches à soufflets (collection printemps-été 1967), unissant art africain et tenues d'explorateurs. En 1968, Yves Saint Laurent créé spécifiquement pour le magazine *Vogue* Paris une *Saharienne* avec un profond décolleté lacé et une ceinture d'anneaux de métal, dont les photographies sont publiées en juillet-août 1968. Ce modèle figure dans les archives de la maison YSL comme « hors collection ».

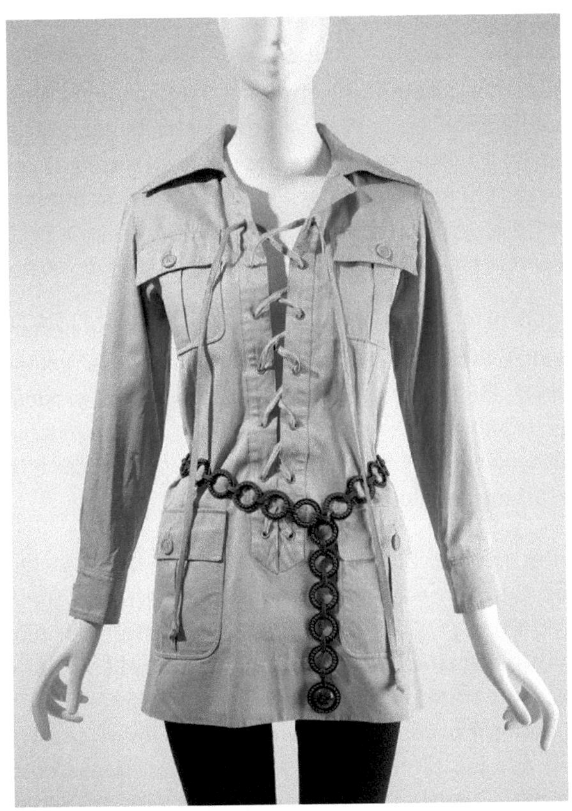

La *Saharienne* de 1968.

Hommages aux peintres et aux poètes

Les collections « Hommages » représentent l'expression de l'amour d'Yves Saint Laurent pour l'art et la littérature. Elles constituent un événement majeur, attendu et espéré par tout un public.

La collection automne-hiver d'août 1965 présente ainsi les robes *Mondrian*. Pour Yves Saint Laurent, la géométrie est un moyen d'animer la surface des robes en un jeu d'optique et une pureté esthétique : « Mondrian, c'est la pureté [...]. Le chef-d'œuvre du XXᵉ siècle, c'est un Mondrian. » (MÜLLER (Laurence) *et alii*, *Yves Saint Laurent, style, style, style*, p. 168)

En juillet 1979, la collection automne-hiver rend hommage au peintre Pablo Picasso (peintre, dessinateur et sculpteur espagnol, 1881-1973) avec des robes de cocktail brodées de visage de paillettes, des jupes Arlequins faites de patchwork de satin, qui se déclinent aussi en robes pour petites filles et en vestes et pantalons pour garçons.

La collection automne-hiver 1980 s'inspire quant à elle des poètes Guillaume Apollinaire (poète et écrivain français, 1880-1918), Jean Cocteau (poète, graphiste, dessinateur, dramaturge et cinéaste français, 1889-1963) et Louis Aragon (poète, romancier et journaliste français, 1897-1982). Yves Saint Laurent brode les vers emblématiques de ces poètes favoris sur les tenues de ses collections. L'ensemble du soir intitulé *Tout terriblement*, d'après le vers de Guillaume Apollinaire, fait sensation !

Les collections suivantes, de 1981 et 1988, renouent avec les hommages aux peintres. La collection automne-hiver 1981 est consacrée à Henri Matisse (peintre, dessinateur, graveur et sculpteur français, 1869-1954) et Fernand Léger (peintre, céramiste, sculpteur, dessinateur, illustrateur français, 1881-1955) tandis que celle de 1988 (collection printemps-été) rend hommage aux peintres Vincent Van Gogh (peintre et dessinateur néerlandais, 1853-1890) et Georges Braque (peintre, sculpteur et graveur français, 1882-1963). Ces collections s'illustrent par des tenues d'exception comme des robes du soir en soie ornées de broderies en feuilles de satin, ou encore les modèles *Les Iris* et *Les Tournesols* : des vestes brodées de paillettes et des jupes de crêpes de soie, ornées de motifs de fleurs d'iris et de tournesols.

Le monde, une source d'inspiration

Comme beaucoup d'autres grands couturiers, pour enrichir son imagination, Yves Saint Laurent se nourrit d'images de pays lointains. Ces collections exotiques, nombreuses et atypiques, contribuent à sa renommée d'artiste de la mode. Il s'inspire :

- de l'Afrique dès 1967 (collection printemps-été) avec son innovante collection africaine influencée par l'art bambara avec des robes brodées de perles de bois et raphia, une fibre textile extraite d'un palmier du même nom caractéristique des régions tropicales. Yves Saint Laurent choisit pour cette collection le raphia fourni par la maison de broderie haute couture Lanel, qu'il affectionne ;
- du Maroc, où il puise la vivacité des couleurs et des étoffes chatoyantes avec ses capes aux bougainvillées (1989), ses *sarouels* (pantalons) de voile de coton multicolore (1991) et ses vestes du soir aux motifs floraux (1991, 1992, 1995) ;
- des ballets et opéras russes (1976) et chinois (1977), avec des ensembles de jour aux manteaux de bure (tissu de laine assez grossier) garnie d'une ganse (cordon rond ou plat servant généralement à orner ou border un vête-

ment), ou avec les robes d'impératrices et l'ensemble du soir *Opium* comprenant un paletot (sorte de pardessus assez court) en tissu damassé ciré noir, violet et or et accompagné d'un pantalon violet ;

- de l'image de l'Espagne, d'où naissent les jupes gitanes de soie rayées (janvier 1977) ;
- du Japon, avec les robes kimono (juillet 1977) ;
- de l'Inde et ses tailleurs ou turbans de lamé tissé en fils de soie, avec de somptueux imprimés or, vert, violet, ainsi que ses boléros de soie brodés (janvier 1982).

LE PRÊT-À-PORTER
SAINT LAURENT RIVE GAUCHE

L'ouverture à Paris de la première boutique *Saint Laurent rive gauche*, le 26 septembre 1966, rue de Tournon (Paris, 6e), marque un tournant. Yves Saint Laurent est le premier grand couturier français à aborder de front le prêt-à-porter en lui consacrant autant de soin qu'à la haute couture. En effet, si Pierre Cardin a tenté l'aventure quelque temps plus tôt, celle-ci s'est révélée sans suite.

Avec Yves Saint Laurent, la révolution est en marche. Le couturier clamait d'ailleurs un an plus tôt dans un entretien accordé au journaliste Patrick Thévenon : « À bas le Ritz [...] vive la rue ! » (CHENOUNE (Farid) *et alii*, *Yves Saint Laurent*, p. 66) Avec ce cri du cœur, Yves Saint Laurent pénètre le territoire social, en installant un prêt-à-porter indépendant du cénacle de la haute couture, avec sa propre identité créative et des prix accessibles.

Il s'explique à ce sujet à la télévision française en 1968 :
« Je pense que l'avenir est le prêt-à-porter parce que c'est
une chose pleine d'espoirs et de nouveauté. Il y a la grande
injustice des prix haute couture. [...] Ce que je voudrais c'est
vraiment être Prisunic [chaîne de magasins populaires français du centre-ville de 1931 à 2003], faire des robes beaucoup
moins chères [...] que tout le monde puisse entrer et les
acheter. » (*Ibid.*, p. 226)

Yves Saint Laurent et Pierre Bergé s'investissent dans ce
qu'ils considèrent être une forme de « création contemporaine. » (*Ibid.*, p. 228) L'homme d'affaires français et industriel du textile, Didier Grumbach (né en 1937) devient associé
cofondateur et cogérant de *Saint Laurent rive gauche*. Un
logo singulier aux carrés orange et rose, conçu par le couturier lui-même et le designer de parfumerie Pierre Dinand,
distingue la marque.

Très vite, le succès est au rendez-vous : les files de voitures
envahissent la petite rue calme du 21, rue de Tournon, en
plein cœur de la capitale ; les femmes se bousculent pour
acheter le style Yves Saint Laurent à des prix qui oscillent,
en 1966, entre 270 francs français pour une robe de tricot
à 350 voire 600 francs pour une robe de velours noir. Les
accessoires de mode sont aussi très accessibles, à l'instar
des ceintures d'anneaux dorés à 45 francs.

L'actrice Catherine Deneuve, marraine de la première
boutique *Saint Laurent rive gauche* se remémore : « C'était
tellement surprenant [...] de trouver ici [au 21, rue de
Tournon], accessible sur des cintres, tout ce qui représentait
le luxe de la rive droite [...]. » (*Ibid.*, p. 229) Le prêt-à-porter

Saint Laurent conquiert très vite les grandes revues de mode du monde entier, dont *Vogue*, et les capitales européennes. À New York, l'ouverture de la première boutique en septembre 1968 est un événement. En 1969, *Vogue* Paris recense près d'une vingtaine de boutiques de prêt-à-porter féminin *Saint Laurent* en Europe.

Le succès est tel que le grand couturier décide de se diversifier en proposant un prêt-à-porter masculin. Il installe la même année à Paris, une première boutique *Saint Laurent rive gauche* pour homme, au 17, rue de Tournon et dessine lui-même les modèles des collections hommes jusqu'à la fin des années 1990.

LA FONDATION
PIERRE BERGÉ-YVES SAINT LAURENT

Suite à la décision d'Yves Saint-Laurent de mettre un terme à sa carrière, en janvier 2002, Pierre Bergé et lui-même décident de créer une fondation à leur nom, reconnue d'utilité publique (5 décembre 2002). La fondation conserve les milliers de modèles des collections Yves Saint Laurent et ses 50 000 dessins et croquis.

L'un de ses objectifs premiers est de travailler au rayonnement de l'œuvre d'Yves Saint Laurent, notamment grâce à des expositions qui mettent en exergue le travail du couturier ; à l'instar de la rétrospective 1962-2002 aux musées des Beaux-Arts de Montréal (qui s'est tenue du 29 mai au 28 septembre 2008) et aux Fine Arts Museums of San Francisco (du 1er novembre 2008 au 1er mars 2009). Pour Pierre Bergé, l'œuvre d'Yves Saint Laurent va plus loin que celle d'un simple grand couturier : « Il a quitté le territoire esthétique pour pénétrer sur celui du social [...] », précisant qu'Yves Saint Laurent « a œuvré, socialement [...] pour l'égalité des sexes et la reconnaissance d'une femme moderne, laquelle n'est pas un objet mais participe à la vie de son temps [...] » (MÜLLER (Laurence) *et alii*, *Yves Saint Laurent, style, style, style*, p. 11).

Pour Yves Saint Laurent, la femme du XXe siècle réclame une nouvelle élégance, dont les maîtres mots sont indépendance et singularité ; en cela il participe à une certaine émancipation des femmes modernes par leur tenue. Dès 1966, il affirme : « Une femme bien habillée, aujourd'hui, c'est celle qui sait construire un certain accord entre ses vêtements et sa personnalité. » (*Ibid.*, p. 22) D'où la grande diversité des modèles YSL.

Le style Saint Laurent s'impose avec une gestuelle singulière, celle d'une femme au buste mobile, un rien déhanché, les mains enfoncées dans les poches, les épaules fermes, et marquée par une certaine sensualité. L'allure de la femme est un mouvement perpétuel que le grand couturier accompagne au gré des décennies et des évolutions de la société, avec pour règle fondamentale : libérer le corps de toute entrave.

Outre la préservation de la mémoire de l'œuvre d'Yves Saint Laurent, la fondation a aussi une activité de mécénat :

• artistique, avec le festival d'Automne de Paris consacré aux arts contemporains, ou avec la création du

musée berbère marocain au sein du jardin Majorelle à Marrakech ;
- littéraire avec le prix Jean Giono décerné à des auteurs de romans en langue française ;
- de lutte contre le sida, avec Sidaction.

Cette dernière association, reconnue d'utilité publique, est créée en 1994. Pierre Bergé et la chanteuse et actrice française Line Renaud (née en 1928) en assurent la présidence. Sidaction a pour objectifs d'aider financièrement les associations soutenant les personnes touchées par le VIH et de développer la prévention et la recherche sur le sida. Dans ce cadre, Pierre Bergé a aussi créé un fonds de dotation destiné à reverser deux millions d'euros par an pendant cinq ans à la lutte contre le sida. C'est un comité formé de personnalités médicales qui décide des actions à mener.

Pierre Bergé à l'inauguration du musée Stendhal à Grenoble, septembre 2011.

Aujourd'hui, les espaces d'exposition de la fondation laissent place à un musée dédié à l'œuvre d'Yves Saint Laurent, qui doit ouvrir à l'automne 2017. Ce lieu sera consacré à l'œuvre du grand couturier avec les modèles, croquis, photographies et films le concernant ; le tout présenté dans une exposition permanente. La visite du studio de travail d'Yves Saint Laurent, avenue Marceau (dans le 8e arrondissement de Paris), doit aussi faire partie du parcours de la visite.

L'inauguration de ce musée doit coïncider avec celle du musée Yves Saint Laurent à Marrakech, rue Yves Saint Laurent, non loin du jardin Majorelle. Outre un espace d'exposition permanente présentant l'œuvre du couturier, le musée de Marrakech comprendra aussi une salle d'exposition temporaire, un auditorium et une bibliothèque de recherche.

RÉPERCUSSIONS

DES CODES VESTIMENTAIRES MASCULINS ET FÉMININS ALTÉRÉS

Après le fameux smoking pour femmes (1966), l'influence du style d'Yves Saint Laurent se perpétue auprès de ses contemporains :

- chez Giorgio Armani (grand couturier italien, né en 1934) avec ses célèbres costumes hybrides « masculins-féminins », largement plébiscités durant les années 1980 ;
- la figure emblématique de la mode américaine, Calvin Klein (styliste américain, né en 1942), perpétue la création de costumes androgynes et épurés, de cabans, de tricots à cols roulés, des blousons de cuir noirs et l'usage de tissus aux couleurs soyeuses, des années 1980 aux années 1990 ;
- Jean-Paul Gaultier (grand couturier français, né en 1952) porte au paroxysme cette identité sexuelle hybride avec sa première jupe pour hommes présentée lors de sa collection de 1985.

LE STYLE *UNDERGROUND*

Dès 1960, Yves Saint Laurent s'inspire de la rue dans ses collections. Le style avant-gardiste *underground* qu'il initie persiste et s'amplifie.

Dans les années 1970, Vivienne Isabel Swire, plus connue sous le nom de Vivienne Westwood (grande couturière britannique, née en 1941) et Malcom McLaren (styliste, musicien et agent artistique britannique, 1946-2010) s'imposent comme les créateurs du style punk avec leurs modèles anticonformistes et leur détournement des codes érotiques et pornographiques. Ils s'illustrent par exemple avec leur ensemble pantalon et veste bondage (1976) qui tient autant du vêtement fétichiste, de l'habit de motard, que d'un uniforme, voire d'un costume classique.

Veste de style bondage.

Cet ensemble devient une tenue punk de référence dès la fin des années 1970, avant que Jean-Paul Gaultier ne prenne le relais dans les années 1980. Avec lui, le mouvement punk s'invite sur les podiums des défilés avec des mannequins tatoués, arborant fièrement leurs piercings.

Dans les années 1990, le groupe américain de rock alternatif Nirvana (1987-1994) développe le grunge : un genre musical dérivé du rock. Avec son emblématique musicien et interprète Kurt Cobain (1967-1994), le phénomène grunge dépasse l'univers musical pour devenir une mode vestimentaire « néo-hippie » singulière, par ses vêtements d'occasions débraillés et déchirés, ses grosses bottes en cuir, ses tee-shirts en coton et autres pulls rayés.

LE STYLE ETHNIQUE

Si la représentation d'univers culturels étrangers est une constante dans l'histoire de la mode, c'est surtout à partir de la fin des années 1960 que le phénomène se développe, avec le style Yves Saint Laurent en particulier. Le grand éclectisme culturel dont fait preuve le couturier français se perpétue de nos jours avec ce que les historiens de la mode appellent le « style ethnique » (MACKENZIE (Mairi), *Découvrir la mode*, p. 102).

Bill Gibb (styliste écossais, 1943-1988) en est un parfait exemple. Il conjugue tenues d'Asie, du Proche-Orient et de son Écosse natale dans un savant mélange influencé par le mouvement hippie, à l'instar de sa robe imprimée *Liberty* (1972), exposée au *Victoria and Albert Museum* de Londres. Elle se distingue par sa forme ample et fluide d'inspiration orientale, ses manches bouffantes, son mélange inventif de textile imprimé et sa coiffe en turban.

Cette mode du style ethnique se diffuse aussi dans la décoration d'intérieure, par l'intermédiaire de couturières telles que Thea Porter (styliste britannique, 1927-2000). Elle vend dans son magasin de Soho à Londres, le *Thea Porter Decorations* (fermé en 1981), des caftans (longues tuniques sans col et à manches amples), broderies, tapis, tissus et autres coussins du Maghreb, d'Asie et du Proche-Orient.

LE CLASSIQUE FAIT SON RETOUR

Le retour aux vêtements classiques élégants, fonctionnels et sobres caractérise le prêt-à-porter raffiné d'Yves Saint Laurent à partir de la fin des années soixante-dix. Ce genre se poursuit jusqu'aux années 1990 et semble perdurer encore de nos jours avec certains grands noms de la mode comme Sonia Rykiel (grande couturière française, 1930-2016), Roy Halston Frowick (styliste américain, 1932-1990), Walter Albini (styliste italien, 1941-1983) et Calvin Klein.

Sonia Rykiel à Paris et Walter Albini à Milan créent des tenues associant sobriété et élégance : robes en tricot pour Sonia Rykiel et tricots de jersey pour Walter Albini. Roy Halston Frowick allie en prêt-à-porter sobriété minimaliste avec glamour et luxe, dans son modèle de robe beige en chevreau (1972). Le drapé très souple de ses modèles de vêtement épouse le corps et le met en valeur par de beaux tissus (cachemire, jersey et soie). Roy Halston Frowick perpétue aussi les ensembles tuniques-pantalon et autres robes-chemisiers.

LE PRÊT-À-PORTER

L'engagement dans le prêt-à-porter initié par Yves Saint Laurent en 1966 marque une révolution dans l'univers des créateurs de mode : le prêt-à-porter raffiné s'installe dans les mœurs et s'affranchit du cénacle de la haute couture.

À partir des années 1980, une nouvelle génération de créateurs de mode parisiens décide également de se lancer dans le prêt-à-porter, sans passer par la haute couture. Ils développent leur identité créative avec des vêtements aux prix voulus très accessibles. Ainsi en va-t-il de Jean-Paul Gaultier qui débute dans le secteur dès 1983 avec sa marinière et lance sa ligne de prêt-à-porter pour femmes et pour hommes. Il poursuit dans sa lancée et crée, en 1985, une ligne de produits à bas prix pour enfants, *Juniors Gaultier*, remplacé par la suite en 1994 par *JPG by Gaultier* : une ligne de vêtements unisexes, sans grand succès.

Bientôt, le concept de vintage, initié depuis les années 1990, amplifie celui de prêt-à-porter et se revendique comme une alternative crédible aux vêtements neufs. Les boutiques proposant des modèles de vêtements d'occasions se multiplient. L'objectif de celui qui porte du vintage est de se singulariser et de montrer que l'on est fin connaisseur de la mode ; une pratique accentuée par les magazines de mode.

De là vient l'engouement pour les vêtements de luxe griffés des années cinquante et soixante, comme le propose *Decades Inc*, une célèbre enseigne californienne spécialisée dans le vintage haute couture. L'essor de cette tendance au début du XXIe siècle explique que de grands magasins de vêtements disposent de rayons spécialisés dans le vintage de luxe.

RÉSUMÉ

- Grand couturier, Yves Saint Laurent est un représentant de l'élégance à la française. Homme de son temps, il est un précurseur de l'évolution de la haute couture du XXᵉ siècle.
- Dès juillet 1960, Yves Saint Laurent, alors directeur artistique de la maison Dior, s'inspire des styles de la rue en les adaptant à la haute couture, tels ses blousons de cuir garnis de visons noirs.
- Les premières collections de la maison YSL (1962-1963) apportent une innovation esthétique majeure. Elles intègrent les qualités du vêtement fonctionnel dans la garde-robe féminine (caban, tunique-marinière, blouse, *trench-coat*) et proposent les premières cuissardes (1963). Mais l'apogée du style du grand couturier se manifeste avec le costume-pantalon.
- À partir de 1966, le costume-pantalon mêle style féminin et masculin avec le premier ensemble pantalon et le premier smoking pour femme (1966), les premiers tailleurs-pantalons à gilets rayures tennis (1967) et le premier *jumpsuit* (1968), une combinaison-pantalon inspirée des artistes constructivistes russes des années vingt.
- Pour enrichir son imagination, Yves Saint Laurent se nourrit d'influences multiples. Son éclectisme culturel se caractérise avec ses collections africaine (1967), russe (1976), chinoise (1977) et indienne (1982).
- Le créateur s'inspire aussi des peintres et poètes de son temps : Piet Mondrian (robes *Mondrian*, 1965), Pablo Picasso (jupes, robes, vestes et pantalons *Arlequins*,

1979), Guillaume Apollinaire (ensemble du soir, *Tout terriblement*, 1980), Vincent Van Gogh (vestes *Les Iris* et *Les Tournesols*, 1988).

- C'est en réussissant avec brio son alliance de la tradition et du modernisme artistique qui a fait de lui un avant-gardiste de la mode.

Votre avis nous intéresse !
Laissez un commentaire sur le site de votre librairie en ligne
et partagez vos coups de cœur sur les réseaux sociaux !

POUR ALLER PLUS LOIN

SOURCES BIBLIOGRAPHIQUES

- AGERON (Charles-Robert), *Histoire de l'Algérie contemporaine : 1830-1988* (2e éd.), Paris, Presses Universitaires de France, coll. « Que sais-je ? », 2015.
- « Beatnik », in *www.cnrtl.fr*, consulté le 18 avril 2017. http://www.cnrtl.fr/lexicographie/beatnik
- BELGA, « Pierre Bergé et Yves Saint Laurent étaient pacsés », in *LaLibre.be*, juin 2008, consulté le 5 mai 2017. http://www.lalibre.be/culture/arts/pierre-berge-et-yves-saint-laurent-etaient-pacses-51b89bade4b0de6db9b2991c
- BENAÏM (Laurence), *Yves Saint Laurent. Biographie* (2e éd.), Paris, Grasset, 2002.
- BURE (Gilles de) et SAVIGON (Jéromine), *Saint Laurent rive gauche. La révolution de la mode*, Paris, La Martinière, 2011.
- CANTIER (Jacques), *L'Algérie sous le régime de Vichy*, Paris, Odile Jacob, 2002.
- CHENOUNE (Farid) *et alii*, *Yves Saint Laurent*, catalogue de l'exposition du Petit Palais du 11 mars au 29 août 2010, Paris, La Martinière, 2010.
- « Couturiers & créateurs », in *www.modeaparis.com*, consulté le 5 janvier 2017. http://www.modeaparis.com/1/les-adherents/
- « Ganse », in *www.larousse.fr*, consulté le 18 avril 2017. http://www.larousse.fr/dictionnaires/francais/ganse/36050

- GIESBERT (Franz-Olivier) et SAMET (Janie), « Yves Saint Laurent : "Je suis né avec une dépression nerveuse" » in *Le Figaro*, 11 juillet 1991.
- GIESBERT (Franz-Olivier) et SAMET (Janie), « Yves Saint Laurent : Trente ans de gloire, Trente ans d'angoisse » in *Le Figaro*, 15 juillet 1991.
- GUILLAUME (Valérie) et VEILLON (Dominique), *La Mode. Un demi-siècle conquérant*, Paris, Gallimard, coll. « Découvertes », 2007.
- MACKENZIE (Mairi), *Découvrir la mode*, Paris, Eyrolles, 2010.
- MÜLLER (Laurence) *et alii*, *Yves Saint Laurent, style, style, style*, catalogue d'exposition, Paris, La Martinière, 2008.
- PRÉVERT (Jacques), « Encore une fois sur le fleuve » in *Histoires et d'Autres histoires*, Paris, NRF, 1963, p. 9-30.
- SCHWAAB (Catherine), « Victoire. De Dior à Saint Laurent », in *ParisMatch.com*, 23 novembre 2014, consulté le 29 avril 2017. http://www.parismatch.com/Vivre/Mode/De-Dior-a-Saint-Laurent-656474
- SCHWAAB (Catherine), « Pierre Bergé. Après Yves Saint Laurent », in *ParisMatch.com*, 7 janvier 2014, consulté le 4 mai 2017. http://www.parismatch.com/Vivre/Mode/Apres-Yves-Saint-Laurent-543174#

SOURCES COMPLÉMENTAIRES

- ADLER (Laure) et BERGÉ (Pierre), *Histoire de notre collection de tableaux. Pierre Bergé et Yves Saint Laurent*, Arles, Actes Sud, 2009.
- NEUTRES (Jérôme) *et alii*, *Jacques Doucet-Yves Saint Laurent : Vivre pour l'art*, Paris, Flammarion-fondation Pierre Bergé-Yves Saint Laurent, 2015.

- STEELE (Valerie), MENKES (Suzy), *Fashion Designers A-Z. The collection of the Museum at FIT* (2e éd.), Cologne, Taschen, 2016.
- TAPIÉ (Alain) *et alii, Vanité. Mort, que me veux-tu ?*, Paris, La Martinière-Fondation Pierre Bergé-Yves Saint Laurent, 2010.

FILMS ET DOCUMENTAIRES

- *Yves Saint Laurent-Pierre Bergé, l'amour fou*, documentaire de Pierre Thoretton, avec Pierre Bergé et Betty Catroux, France, 2011.
- *Yves Saint Laurent*, film de Jalil Lespert, avec Pierre Niney et Guillaume Gallienne, France, 2014.

BÂTIMENTS COMMÉMORATIFS

- Musée *Yves Saint Laurent*, ouverture prévue le 3 octobre 2017 par la fondation Pierre Bergé-Yves Saint Laurent.
- Colonne érigée dans le jardin Majorelle à Marrakech par la fondation Pierre Bergé-Yves Saint Laurent.

SOURCES ICONOGRAPHIQUES

- Yves Saint Laurent vers 1982. La photo reproduite est réputée libre de droits.
- *Dovima et les Éléphants*, photographie de Richard Avedon représentant le mannequin américain Dovima dans la robe *Soirée de Paris*, en 1955. © San Francisco Museum of Modern Art.

- Mannequins portant des robes Mondrian. La photo reproduite est réputée libre de droits.
- Le port d'Oran en 1943. La photo reproduite est réputée libre de droits.
- Le smoking féminin d'Yves Saint Laurent, présenté au M. H. De Young Museum de San Francisco. © David Hilowitz.
- La *Saharienne* de 1967. © The Museum at FIT.
- Pierre Bergé à l'inauguration du musée Stendhal à Grenoble, septembre 2011. © Matthieu Riegler.
- Veste de style bondage. La photo reproduite est réputée libre de droits.